자작나무에게 묻는다

한인숙 시집

문학의전당 시인선
181

자작나무에게 묻는다

한인숙 시집

문학의전당

시인의 말

시가 내게로 처음 왔을 때의 두근거림으로
두 번째 시집을 묶는다.
길을 걸으며 들꽃에 눈을 맞추고
참새가 물어가는 오전의 안부에 귀를 열고
흐드러진 토끼풀 속
네 잎의 행운을 생각의 갈피에 끼운다.
휘어진 논두렁을 연주하는 개구리에게 말을 걸고
찔레꽃처럼 가시 돋친 서정을 문장의 행간 속으로 몰아간다.
나에게 詩는 초록이다.
대책 없이 번지는 그리움이며 가슴 가득 자작대는 물길이다.
푸른 물 뚝뚝, 흘리며
나무에게 말을 건다.
사랑하는 사람에게 말을 건다.

2014년 유월 들녘에서
한인숙

차례

세상, 가장 무책임한 것은 그리움이다

꽃이 태양의 반란이라고 누구도 말하지 않는다

물의 뒤척임에도 이유가 있다

나무의 까치발을 눈치챈 것은 바람이다

풋살구

유월이 스치면 사랑도 익는다 했던가
쳐다만 보아도 입안 가득 고이는,
잔바람에 후두두 쏟아지는 설익은 유월
풋것들의 감각이 은밀하다
쉰둥이를 가진 옆집 아낙의 불룩한 배를 보며
푸른 물 뚝뚝, 흘리는 풋살구

시큼한 사랑을 하기엔 유월이 제격이기라도 하듯
살구가 나무를 익힌다
살구나무 아래서의 사랑을 딸꾹질로 고백하던
그날을 기억하는지
유월이 담장 너머 후두둑,

건너편 밤나무 헛구역질을 하는지
동네가 수런하다

바람, 봄의 길을 내다

1

산정에서 시작된 바람은 붉었다
진달래를 터트리고 산등성을 붉게 물들였다
사월의 바람이 붉다고 꽃이 피는 건 아니다
바람은 햇살의 전언을 옮기느라 바쁘고
나무는 가뒀던 잎을 꺼내느라 분주하다
붉은 표식이 없다고 사월의 바람을 가짜라고 생각해서도 안 된다
골짜기로 달려가
산수유 노란 물을 들쓰기도 하고
얼음을 녹여 제 안에 강을 낸
버드나무의 푸른 사연에 이마를 맞대기도 한다
어떤 일정도
바람의 초례청을 거치지 않고는 꽃으로 완성될 수 없다
건들건들
꽃 문을 비집어 방사를 시작하고
아이의 젖꼭지처럼 말간 새순을 꺼내놓곤 이내 딴청이다
바람난 바람은 사월이 제격이다

2

바람의 덫은 황사다

사납게 몰아치던 지난 며칠

태양과도 격조했으며

구름이 되지 못한 것들은 떠내려온 사막을 떨치지 못했다

바람이 둥글 거라는 상상은 으적거렸고 바람은 거칠었다

중국의 모퉁이를 따돌리지 못한 사월은

붉거나 누런 누명에 복면을 들썼고 꽃은 개화를 미뤘을 것이다

바람의 사생활은 흔들렸고

봄이 잠깐 삐걱거렸다

3

딴생각을 뒤적인다고 사월이 지나치는 건 아니다

바람의 유배지가 모퉁이임을 알았을 때

바람은 꽃에 낙인을 찍었고

계절이 머물 수 없다는 걸 알았을 때

봄은 이미 꽃을 피웠다
세상 대부분이 제 안에 바람의 집을 갖고 있듯
명치께로 다가와 가슴에 들꽃 한 줌 피워놓는,
그리움이 봄을 키운다

바람의 주막

小寒과 大寒 사이, 바람엔 알코올이 섞여 있다
불콰해진 바람
성에꽃을 피우고
종종걸음의 행인을 피에로로 만든다
시장통
좌판 위 살얼음 낀 과일과
짠물을 머금은 채 빳빳하게 굳어버린 비릿한 것들
시베리아를 건너온 취기엔 에누리가 없다
한 무리의 표정들이 흰 입김 날리며 주점으로 들고
누군가는 체온 깊숙이 싸늘한 숫자들을 꺼내어
잘 맞춰지지 않는 이야기를 저며 넣는다
사거리 모퉁이에서 핸드폰에 붙들려 있는 말은
능금냄새가 나고
포도주를 베어 문 듯 붉은 취기가 묻어 있다
小寒과 大寒 사이
사람들은 알코올 섞인 바람의 주막을 들러야 한다

나무에 말 걸기

겨울을 막 빠져나온 태양
나무에게 말을 걸기로 한다
몇 줌 햇살을 숲에 들여놓고
밑동과 가지를 드나들며 시비를 걸지만
칩거에 든 나무 좀처럼 침묵을 벗지 않는다
지난가을의 사유를 지상으로 떨구면서 기억을 망각했음일까
잎이며 꽃 그 푸른 일정을 땅 밑으로 돌려놓았음일까
얼마간의 계절풍과 구름의 방향만으론 나무의 내심을 알아채긴 쉽지 않다
오솔길에 걸쳐 있던 그림자를 서편으로 넘기던 태양도
둥지를 수선하던 콩새가 가지 끝 물길을 읽어내는 것도
나무의 기억을 깨우기엔 기다림이 필요하다

태양이 나무에 말을 건다
나무의 거처가 허공임을 알아채기까지 좀 더 깊숙이 햇살을 푼다
뿌리가 되거나 혹은

나무의 물길이 되었을 동면의 안쪽을 뒤적인다
그러나 이월의 숲에서 나무의 내력을 캐는 일이 쉽지는
않을 터
숲의 안쪽 계란프라이 같은 온기를 들여놓자
발기를 시작한 나무의 푸른 젖꼭지가 환해지기 시작한다

봄의 말씀

저장한 순무에 새순이 올라와 비닐봉지가 푸릇하다
뚝 떼어내고 숭숭 썰까 하다가
유리컵에 물을 채워 주방 창가에 세웠다
며칠 사이 컵 안이 온통 잔뿌리로 가득하다
창가가 봄의 말씀들로 술렁인다
컵 안의 물이 졸아들면서 까치발을 든 뿌리,
무 잎은 수액을 아래로 흘리는지 누렇다
까치발 들던 팽팽한 순간이 지나자 뿌리는 곰팡이를 피웠다

내 안쪽도 들춰보면 저토록 곰팡이를 품고 살까

큰 컵으로 옮겨 물을 채웠다
잎과 뿌리가 무성해질수록 순무가 홀쭉하다
창가가 좁아져 식탁으로 자리를 옮겼다
노란 꽃으로 식탁이 환하다
먼저 핀 꽃이 떨어지면 다른 마디에 꽃망울을 올렸고,
음지가 힘겨운지 차츰 푸른빛이 빠졌다

끝내 밑동부터 잎을 버렸다

하루에도 몇 번씩 열꽃이 피는 내 갱년기도 아마, 저맘
땐가 보다

숲을 재단하다

나무들 틈으로 반사경을 들어 올려 삼각점을 맞추세요 오른쪽으로 두 걸음, 아래쪽으로 3미터, 50센티만 뒤로, 그 자리에 말뚝을 박으세요 말뚝을 박았으면 다시 40미터 정도 비탈을 내려가세요 구름에 걸리지 않도록 조심하세요 숲이 무성할수록 접점을 찾는 일이 쉽지 않습니다 나무가 반사경의 길이보다 크면 위치를 파악하는 일이 어려워 측량이 힘듭니다 최선을 다하겠지만 숲이 우거진 산은 힘이 듭니다

스피커폰으로 들려오는 근엄한 여자의 목소리를 따라 함부로,

너무나 무엄하게도 내 정원을 짓밟았어

완강하게 맞서는 나를 따돌리고 다시 옆자리에 증표를 남겼지

그것도 모자라 내 아버지의 아버지 격인 참나무의 굵은 허리에 붉은색 띠를 만들었어

그뿐만이 아니었어

측량점을 박고 그 옆에 다시 철근을 박더니 철근에 흰

천을 매달아 표식을 하는 거야
단단히 벼르고 온 모양이더군
한동안 이 산의 평화는 없을 듯해
멧돼지가 낸 길을 따라 흘러드는 바람의 길을 재단하고
무덤가 찔레 열매를 쪼아 먹던 산새를 쫓아내더군
화가 난 나는 바람을 부추겨 회오리를 일으켰지
숲을 재단하는 일에 익숙한 그들은 꿈쩍도 하지 않았어
궁리 끝에 산주인 듯한 사내의 발을 걸었지
중년의 사내는 비탈을 두어 바퀴 구르며 비명을 질러대더군
배낭 속의 측량기구들이 쏟아졌지만 그것으로 나의 화가 풀리진 않았어
살모사를 불러 야트막한 소나무에 올라가도록 했지
망치를 들고 따라다니던 여자의 비명이 온 산에 울렸어
도망치는 여자를 굴린 건 수북이 쌓인 낙엽이었어 여자의 발목이 부러졌지
하지만 수십 개의 말뚝이 박히고 어른들의 허리에 붉은 수갑을 채운 것에 비하면

약간의 분풀이에 불과해

측량은 숲을 재단하는 것이 아니라 경계를 재는 일입니다 도면의 선을 숲의 수런거림으로 나누고 바람의 기원을 찾는 일 같습니다 숲의 지배자가 나이테 순으로 정해지는 것이 아닌 것처럼 태양의 각도를 재단하고 그 안에 깃든 것들의 공존을 방해한다고 숲의 성장을 막아설 수는 없습니다. 눈이 내려 경계점을 덮어버리자 숲은 평온에 깃듭니다

바람의 경전

숲에서 바람의 길을 찾는다
그 안쪽으로 들어서자
바람에 찍힌 새의 발자국과
잎들이 내는 휘파람으로 온통, 수런하다
나무가 물길을 여는 것도
태양의 그림자가 숲의 바깥으로 향하는 것도
나무에 난 푸른 상처들 때문만은 아닐 것이다
숲이 길을 내기 위해 오랜 시간 직립을 꿈꾸었듯
바람도 직립을 향해 숲으로 든 것일까
직립이란 때론 위험한 거처다
허공의 고요를 넘겨다보며 삐걱거리기도 하고
때론 푸른 무게를 읽어
제 안의 힘을 바람에 맡길 지혜도 필요하다
그러나 바람은 복면을 쓴 채 숲을 공략할 것이고
간혹 상한 손길이 직립의 물길을 가로채기도 하겠지만
휴식을 반납한 숲은 지금 성업 중이다
풀꽃들의 경전이 태양인 것처럼
나무의 경전이 바람임을 숲에 이르러 읽는다

풀

여러 종류의 계절이 한목에 낮아진다
텁없이 웃자란 봄 쑥과 초여름의 망초 꽃이 한목에 베어
진다
시큼하게 꺾인 풋사랑을 잘라먹듯 여름을 갈아치운다
긴장한 곳곳에서 풀물 빠지는 냄새가 난다
풀풀, 혼쭐 난 물관이 터지고
그 안 닫혔던 지도가 열린다
태양을 달구던 설익은 날짜들 가볍게 열리고
밑동으로 열린 간절기가 쿨럭거린다
저의를 숨기기에 충분한 일정이다
환생을 벗어놓고 윤회 쪽으로 사라지던 파충류와
휘어지는 태양의 방향을 무던히 밝히던 들꽃까지,

참수되는 것의 허물은 해탈이다

잘린 풀에선 소리가 새나온다
여름내 물든 풀빛 휴식에 드는 기척이 들리고
내 가슴에서 잘려나간 미식한 말이

푸르게 말라붙는 소리가 들린다
마음을 갈아엎는 지독한 풋내다
백로(白露)가 털어낸 바람 한 점 둥글게 말리는 오전이다

바람과 화해하다

가을엔 풍경이 지워지는 속도로 빗장을 질러도 좋을 일이다
웃자란 생각 오솔길로 접어들고
소나무 가지 위 까치독사 빠져나간 빈집이
그녀가 벗어놓고 간 망사스타킹 같다
탈피는 또 다른 우화를 꿈꾸는 것
차고 매끄러운 상상이 음습한 곳을 더듬는다
주섬주섬 바람을 깁는 침엽들
내 안에서 바람이 머물 수 없다는 걸 알았을 때
나는 이미 바람이었다
먼 산처럼 다가와 환영에 시달리게 하던 날도
독설을 퍼붓고 태풍처럼 사라지던 순간에도
거미는 집을 지었고 시월은 행장을 꾸리기에 바빴다
온몸에 독이 퍼지고서야
이별은 준비하지 못한 자의 몫이란 걸,
가슴을 다 태우고도 돌아서지 못하는 바람
이별은 가을이 제격이다
홀씨가 날아가는 방향으로 그리움을 밀어가도,

단풍진 이름 하나 계곡에 흘려도 좋을 일이다

새의 날갯짓은 무디고 퍼덕이던 허공은 고요하다

역병

사월의 바람은 역병이다
강을 건너 북상을 시작한 바람
나무의 껍질을 찢고 입덧을 시작한다
바람이 흔들릴 때마다 툭툭, 불거지는 열꽃과
태양이 머문 역마다 그려지는 꽃의 지도
사월은
함부로 멈춰 설 수도
쉽사리 길을 낼 수도 없는 꽃들의 정체구간이다
꽃의 체온을
확인되지 않은 바이러스로 읽어서도
바람의 수액쯤으로 착각해서도 안 된다
(약은 바람에게, 진료는 태양에게)
밤잠을 설치던 소녀의 첫사랑이 흰 멍울로 부푼다
산발치까지 내려선 붉은 그리움이
바리케이드 친 마을로 파고드는 것은 잠깐이다
대부분 역병은 사월을 지나쳐
흔적이 되거나 열매가 된다
한 번의 처방으론 면역되지 않는 환한 절정

향기들의 안쪽으로 빠르게 확산되는,
꽃의 바이러스는 바람이다

사과

빛도 낡으면 순해진다

지난가을 햇살 몇 알
설익음에 뒤적이던, 이제야 단내를 말리기 시작한다
쪼그라들면서 쥐어짜는 바구니 안 단물
풋내 나던 지상의 한때를 흥건히 적시는 중이다
성장을 반납하고 상자 속으로 뛰어든 날부터
사과의 생각은 오직 붉음을 향해 매달렸을 것이다
볕이 들지 않는 구석진 창고 안
벌레조차 비켜선 비릿함을 끌어안고
낯설음의 흔적을 시간의 단물로 바꾸면서 궁핍한 날을 보냈을,
지상의 날짜를 잘못 짚었던 게 아니었다
태양의 길을 착각했던 것도 아니다
서둘러 가을을 떨군 마을의 일정 때문이다
어떤 열매가
제 나무를 겨울 저쪽으로 성급히 던지고서 고행의 단물만 꿈꾸겠는가

나는 가끔 윌리엄 텔*의 사과를 명중시킨 그 햇살이 궁금해질 때가 있다

가지를 놓지 않으려 안간힘을 다했을 꼭지의 미련이 퍼렇다

껍질을 벗기면 고스란히 드러날 것 같은 태양의 지도가

시큼, 낡은 미각을 끌어낸다

---

*아들의 머리 위에 올려놓은 사과를 화살로 명중시켰다는 것을 오페라의 서곡으로 함.

바람이 둥글다

강변에 깔린 바람, 바람을 타고 일어선다
사람들을 둥글게 말고
물살을 밀며
억새 축제 한창인
사람이 낸 길로 올라선다
바람꽃이 억새라고 생각했다
억새가 바람의 파도라고
흰 포자가 바람의 바람개비라 생각했다
바람이 몰려다닌다
산책 나온 흰 개의 긴 털을 둥글게 말고
가을 태풍에 내몰렸을 선풍기를 돌려본다
빈병을 물고 휘파람 분다
가설무대 위 남행열차를 열창하던 치맛자락이 엎질러지고
당황한 중년이 주저앉지만
마이크를 빠져나간 노래는 이미 바람이다
도깨비바늘에 찔린 노래
때늦은 망초 꽃을 눕히고 붉은 천막을 울린다

바람 일어서고 바람 눕는다
억새
동그란 소리를 모아 파도친다
잠시 내려왔던 하늘이
바람을 몰고 억새 숲으로 든다
각이 없는 소리는 둥글다

3월, 그 길을 비추다

소리가 허공을 뛰어들듯
골목 어귀를 아무런 허락도 없이 바람이 몰아치듯
3월, 그 길은 거침이 없다
햇살들,
탁자 위 노랗게 익은 오렌지를 훔치고
온기를 끌어당겨 음지의 시간을 밝힌다
전화 한 통에 쩔쩔매는 내 혼란을,
발치까지 내몰았던 그리움을 엎지른다
사랑은 우울이다
햇살들 아래서 먼지이며 게으름이다
잘 마른 장미 언저리의 안개꽃이며
화이트보드 위에 잘못 찍힌 삐침이다
그러나 햇살들은 안다
꺾였던 가지일수록 크게 옹이를 만든다는 것을
가슴 아래의 통증을 소화불량 때문이라고 외면할 수밖에 없던 이유를,
봄볕이 낯설다
턱을 괸다는 것은 그리움을 괴는 일이고

열매 없을 꽃일지라도 피우고 싶은 것이다

3월,

그 길에 부를 수 없는 이름이 환하다

껍질을 뚫고 나온 망울들이 팽팽하다

남대천에는 이정표가 없다

강을 거슬러 오른다
배냇의 기억을 밟아 모천으로 온다
몸빛은 달랐지만 가을 한철 그들의 행렬을 힘찼다
본능이었을까
몇 줌의 짠기와 낯설음도
산란을 위해 되돌아오는 길에 걸림돌이 되진 못했다
지느러미로 모여드는 햇살이 찬란하다
어디서부터 회귀의 길을 배웠을까

회귀는 슬픔의 성역이다
시카고에서 물줄기를 거슬러 온 그녀
열일곱에 자신을 낳아 방류한 어머니를 찾아 헤엄친
그냥
마미 한번 보고 싶었을 뿐,
서른 해를 살도록 수없이 적셨다 말렸을 모천
무거움을 흔드는 그녀의 지느러미가 담담하다

고요함이 무기인 듯 흐르는 남대천이 이정표를 전송했

을까

또 다른 물들의 어귀에서 진행될 비릿한 사연의 길이 되었을까

회귀한다는 것의 아름다움을 강은 읽은 것이다

마지막 남은 그리움을 뒤적이며

산란의 끝을 붙들며 떨고 있는 찬란한 햇살들을 복사한 것이다

남대천, 회귀를 위한 산란은 계속될 것이다

돈방석

저수지를 끼고 얼마쯤 돌다 보면 돈방석 가든 있다
똥광, 비광 구 열 끗,
끗발 좋은 화투장이 손님을 기다린다
팔광이 있는 테이블에 앉는다
창틀까지 올라온 담쟁이가 안쪽의 풍경을 기웃대고
반쯤 졸아든 저수지에 떠 있는 새가
정월의 송학 같다
창가 쪽에 팔광을 붙여놓은 이유는 뭘까
이곳의 주인은 하루의 흥망을 패로 정하고 있는지도 모르다
흑싸리 껍질처럼 까칠해진 사내
도박의 금단현상에서 헤어나지 못함일까
그는 아직도 저 산천의 내력마저 난초 하나로 뒤집고 싶은 것은 아닐까
아니다
그 가문의 어머니와 형제들까지도 한순간의 패로 뒤집고 싶었을 것이다
하루를 셀 때마다

잘린 꼬리를 치켜들던 도마뱀 같은 유혹이 고개를 들었을 것이고
오리 모가지를 비틀 때마다 무참히 꺾던 화투장 속엔
한방에 터트리고 싶은 대박의 꽃잎들이 그를 옥죄었을 것이다
허투루 드러내지 않는 속내가
손님이 들 때마다 모가지를 내놓던 철망 안 오리 같다
백숙을 건네는 사내의 손길엔 질퍽한 금단이 뽀얗게 끓고
등나무 밑 축 늘어진 오수를 즐기던 개 한 마리 어슬렁 헛된 꿈을 턴다

산안개

가을 산이
밥을 짓는다
밥물 넘쳐 골짜기 흥건하다
저것들 다 멕이려면
고봉밥 이겄다

뜸들이다 붉게 물들것다

세상, 가장 무책임한 것은 그리움이다

석류

어찌 보면 사랑도 석류를 닮았다
볕 좋은 날
바람처럼 수런거렸고 비 온 뒤 굳어진 사랑보다 붉었다

석류의 은밀함에 길들여지지 않고서는
그 붉음을 말하지 마라

마지막 남은 갈볕을 받아 배꼽을 연다고
울렁대던 사랑이 완성되는 것은 아니지만
목석 같던 사내도
그 아래를 모르는 척 지나치진 못했는지 붉게 물들었다

바람 질펀한 날
알알이 영근 몸을 여는 석류로 울타리가 환하다

꼭지의 힘

줄기 하나에 다섯 개 꽃이 피었다
한 줄로 쭉 핀 호박꽃
말벌이 몇 번 드나들더니 탁구공만 한 열매가 맺혔다
야구공만 하다 며칠 사이 다시 축구공만 하다
불안이 몰아칠 때마다 허공에 고삐를 묶듯 단단히 옥죄는 힘
두어 개 솎아낼까 하다 꼭지의 힘을 믿기로 했다
햇살을 끌어 모으는지 검푸른 빛이 짙다
어머니가 보인다
줄기 하나 허공에 얹어 다섯 덩이를 키우는 호박이나
팔 남매를 이 년 터울로 내리 낳은 어머니나,
태풍이 두어 차례 지나쳤다
큰 놈 틈에 낀 놈이 찌그러지긴 했어도 끄떡없이 지켜냈다
하루가 다르게 좁아드는 허공
식물의 생식기가 꽃이라 했던가
온 힘을 다 쏟는지 더는 꽃을 피우지도 벌을 불러들이지도 않는다
중년에 혼자 된 어머니가 홀로 늙는 것처럼

볼우물 깊은 곳의 수선되지 않는 그리움을 뒤적이는 것
처럼,
다섯 덩이가 허공을 붉게 밝힌다
저것들 이미 호박이 아니다
모성이다 꼭지의 힘이다
뽀얗게 피는 분진에서 어머니의 젖내가 난다
붉게 패인 골 속
어머니의 세월을 본다

가을 사랑

한 장 낙엽 무게의 사랑이 왔네
잎 떨군 감나무에
수백의 나비가 활짝 핀 저물녘
잘 익은 홍시 같은
작달막한 사내가 왔네
막 부화한 나비의 몸짓으로
바람을 흔들고 나를 적시던
그날을 기억하네
나이 쉰엔 죽을 만큼 사랑하고 싶다던,
사랑할 게 남은 사람은 사랑을 찾아 나서고
풀은 저마다의 깊이로 잦아드네
가을의 절반이 고독이라는 걸
대부분의 사랑은 가을이 되어서야 완성된다는 걸
희미한 알전구 같은 사내에게서 읽네
가끔은
아주 가끔은
커피를 마시고 싶을 만큼 간절해지기도 할,
그런 사내를 가슴에 담은 적 있네

생각이 닿는 곳마다
노랗게 물드는 환상통 같은 가을을 사랑했네
내 지도에 점선 하나가 더 생겼네

전어 이야기

전어를 굽는다
벌겋게 달아오른 봄날이 벚꽃에 취해 제 몸을 태우고
누에똥 같은 올망졸망한 이야기가 철망을 달군다
가을이 제철이라는 전어를 봄날 내소사 입구에서 굽는다
살짝 언 전어 지글지글 익어가고
동동주 몇 잔에 거나하게 취한 산이 붉게 내려와 뒤틀린다
채석강,
그 겹겹이 쌓인 문장들을 몰고 와 지글거리는 저 경전
그렇다면 활활 타오르는 저것들이 활자였단 말인가
우리가 발라내고 있는 뼈들이 채석강이란 말인가
전어보다 먼저 구워지는 말이 층층이 쌓이고
몇 섬의 바늘을 쏟아놓은 듯 침엽수를 빠져나온 바람이 숯불을 뒤적인다
이별을 굽는다
내소사에 이르러 이별을 굽는 것이 예정된 순서는 아니었다
연꽃문양의 불심과 목어의 뻐끔거림이
우리를 갈라놓을 거라 누구도 예측하지 못했다

제비꽃 보랏빛 환영만 아니었어도
채석강 낭떠러지에서 발을 헛디딜 뻔한 아찔함만 아니었어도
산을 굽고 강을 굽는 이별의 어리석음을 막았을 것이다
채석강이 강이 아니듯
절간 입구에서 풍기는 비릿함을 풍경소리로 지우듯
봄날 한때가 흔들리고 있다
오래된 인연일수록 더디 구워지는 법
벚꽃 같은 이별을 난 오래전 꿈꾸었는지도,
덧난 가슴을 바닷물로 씻어내고 싶었는지도 모른다
봄꽃 터지는 소리가 숯불로 뛰어들고
젊어 한 시절이 환하게 타오른다

수련

못에서 아버지의 냄새가 난다
비가 오고 햇살이 얼씬거리지 않는 며칠
기억의 한때가 스멀스멀 기어나온다
무릎까지 빠지는 다랑이논을 갈아엎던
발을 움직일 때마다 늪이 끌려나올 것 같다던,
아버지의 발에서 풍기던 그 질펀한 흙냄새
쉽사리 지울 수 없었던 그 뭉클함이 연못에서 난다
손끝이 타는 줄도 모르고 피워 물던 담배연기가 물풀처럼 번지고
기억의 주름이 접혔다 풀릴 때마다
땅속으로 깊어지는 구멍 숭숭 뚫린 세월
아버지를 빠져나간 애절함도 그만큼의 크기로 뚫렸을까
켜진 기억들은 그리움이 궁해지면 환하게 피는지
딸 다섯에 겨우 얻은 아들을 가슴에 묻던 그날도
수련이 환장하게 피었다며
아버지는 속울음을 못 속에 가두곤 했다

가슴으로 피웠을 무수한 꽃송이

유월이 되기 전
수심을 알 수 없는 깊이로 망각을 부려놓은 아버지는
가슴으로 피운 꽃송이를 막걸리 몇 사발에 토해내곤 했다
뿌리와 줄기를 물속에 가두고 꽃만 내놓은 수련처럼
때론 아버지의 생애도 그러했을 것이다
수련이 필 때마다 아버지의 씨방에 가뒀을 침묵이
하 · 얗 · 다

수련보다 깊이 심겨진 아버지, 꽃잎 속에서 환하다

봄날

사람의 운명 하나가 내려온다
공중을 타고 내려오는 생애는 14층에서 시작되었다
굳게 닫힌 무게에
이제 가까이 닿을 수 있는 건 지상 어느 것도 없다
죽음의 씨앗 하나
더 깊은 곳에 심겨지기 위해 내려오는 것이다
관이 흔들릴 때마다
못 박힌 자리가 욱신거리는지
생전 못다 한 말이 마지막 유언처럼 삐걱거린다
현관에 매단 젊은 죽음은 의문과 억측을 부풀렸고
언제부터였을까,
허공 이곳저곳에 죽음의 이사 길이 드러나기 시작했다
때로는 젊은 요절이
때로는 수명을 초과한 케케묵은 부음이
죽음의 그림자 하나씩 켜들고 내려온다
봄날의 生이 지상으로 치닫는 건
잠깐이다
하늘에 닿을 듯 거대한 울음이 젊은 죽음을 전송하고

지독한 우울증이
향내를 뒤로하고서 교차로를 빠져나간다

호박과 시누이

호박을 자른다
길쭉한 집 깊숙이 칼을 넣자 둥글게 휘어지는 길
곧게 자르려 할수록 옆으로 밀린다
늙은 시누이의 고집처럼 엇나가기 일쑤다
분기 뽀송한 호박의 잔등을 칼등으로 툭툭 쳐본다
얼기설기 엮인 그 안
촘촘히 박힌 힘줄
듬성듬성 박힌 씨앗이 누렇게 익은 가족사처럼 올망졸망하다
구부정해지는 허리가 죽은 엄니를 닮는다며
무덤에 난 쑥 한 줌 솎아내고 눈물 한 번 찍어내던 늙은 시누이
덜 익은 홍시는 주물러야 제 맛이라고
떫은 가족사를 연실 주무르던 시누이의 푸념 같다
햇살 지분대는 초겨울 입구에서 늙은 호박을 가른다
단단한 가족사일수록 더디 엇나간다는 것을 알게 된다

아뿔싸,

호박이 낸 길을 가만가만 되짚어보니
호박의 길이 사선이 아니라
칼날의 상처대로 호박이 길을 터주고 있는 것을,
동굴 같은 저 속에도 상처를 키우고 있었을까
호박씨를 득득 긁어내며
가끔은 나도 이렇게 긁히고 사는구나 생각한다
칼등의 반대편을 넘겨다 본 자만이
지난 계절 태양이 얼마나 뜨겁게 담금질을 했는지 안다
상처 난 대로가 세상의 이치가 될 수 있음을 알기까지
내 손엔 물집이 생기고
물집 안에
동그란 기억이 웅크리고 있다
늙은 시누이의 푸념이 물컹, 들어차 있다

그리움의 사각지대는 그 어디에도 없다

사방 어디에도 그리움을 가둬둘 곳은 없다
나무를 떠나는 잎에도
빠르게 바뀌는 교차로 신호등에도
새벽녘 창틈으로 스민 달빛 그 어디에도
그리움의 안전지대는 없다
그녀가 목 놓아 부르는 아들의 이름이
하늘에 닿을 수 있을지는 모르지만
그리움이 이토록 엄청난 형벌임을 알기까지
마음을 꺾고 또 꺾어야 했다
꽃이 피고
새가 울고
철이 바뀌는 동안
그리움은 또 다른 그리움으로 자랐고
그리움이 자라 눈물이 되었다
그리움이 자라 칼날이 되었다
49재 제단에 선 어미
촛농은 흘러 한으로 쌓이고
바라춤 추는 승려의 장삼이 파르르 떤다

울지도 못하는 눈물이 바라 끝으로 몰려들고
껌뻑이지도 못하는 목어의 커다란 눈이 풍경을 울릴 뿐,

불전을 맴돌던 나비 하나
환장하게 핀 국화에 살포시 내려앉고
세상 어디에도 그리움을 숨길 곳은 없다

가을의 이별은 가짜다

거나하게 취한 골목을 끌고 선술집으로 들어선다
연탄불에 구워지는 노랫가락이 낭창하다
하루치의 그리움을 흥정하듯 털어 넣는 술잔 속에 달이 빠진다
그렇다고 내가 마시려던 것이 달은 아니었다
가슴을 나누려 했을 뿐
달빛에 취하고 싶진 않았다
시려오는 가슴을 쌍화탕 한 병으로 달랠 수만 있다면야
휘파람 날리듯 시원하게 털어낼 용기만 있었어도
달빛에 기대어
절망을 쥐어짜는 어리석음은 범하지 않았을 거다
지나간 사랑은 이미 사랑이 아닌 것처럼
추억은 기억할 뿐 되돌릴 수 없다
유자가 익기 전 서둘러 준비한 이별이기에
새콤함의 깊이는 알 수 없지만
시퍼렇게 설익은 사랑은 아니었다
빈 소주병에서 한바탕 울고 가는 바람이
계절이 바뀌는 것이 서럽기 때문만은 아닌 것처럼

생각을 괴고
함께 나눈 시간들을 깨우며
골목의 밤은 속절없고,
가을의 이별은 모두 다 가짜다

봄의 현상학

붉은 천막 안을 기웃대는 벚꽃
봄이 깊다
소주잔에 빠진 그림자를 마시자
몸 안으로 흘러드는 건 벚꽃이 아니라 환영이다
안테나를 세우지 않아도 잡히는 주파수
그리움이란 이럴 때 난감하다
먼발치로 밀어냈던 지난 일이 바람처럼 몰아친다
누구는 꽃과 열매의 행방을 연탄불에 뒤적이고
누군가는 몇 가닥의 푸념을 훌훌 마신다
봄밤이 뚫리는 것이 몇 개의 빈 술병 때문만은 아니지만
다짐을 구하듯
동해(凍害)에 놀란 꽃이 쏟아지듯
세상에 꺼내놓아선 안 될 것 같은 말들을 피워낸다
비밀은 헐리는 순간 이미 비밀이 아니다

몰래 한 사랑도 사랑이라고 꽃들에게 말하지 않았다

포장마차에선

어떤 그리움이든 함부로 구워서도,

말들이 피고 지는 사연을 궁금해 해서도 안 된다

3월의 은행나무

이맘쯤의 볕은
속빈 강정을 덥석 깨물었을 때 입안에 고이는 맛이다
단단하던 한랭전선이 헐리듯 쉽사리 허물어지는 맛
잘린 나무를 오독오독 씹으면 이런 맛일까
뭉툭하게 잘린 가로수가 시무룩하다
볕이 들지 않는 매장 안에서 임대된 태양을 껴안고
며칠이 지나도록 들지 않는 손님을 기다리는 나나
제 몸 다 빼앗기고 휀해진 허공을 붙들고 있는 나무나
막연함이란 그런 것이다
바람을 일으킬 힘도 이젠 없다
곁가지를 꺼내는지
푸른 망울을 만드는지 잘린 상처에 진물이 흐른다
나무의 옆구리에 기댄 채 주인을 기다리는 자전거는
나무의 가쁜 숨결을 들었을까

곁을 내주지 않아도 불쑥불쑥 들어와
환상통을 앓게 하는 먹먹한 사람
떫은 사랑이 다 그러하듯

그도 언젠가는 내 몸을 뚫고 나갈 것이고

은행나무,

또 하나의 옹이를 만들며 봄을 지켜낼 것이다

빈터

건너편 점포가 헐렸다
오십 평 남짓한 허름한 상가였다
인켈 간판이 오래도록 자리를 지켰고 그곳의 소리들은 탁했다
주인은 권태에 찌든 걸음으로 종종 셔터를 올렸고
한 달 내내 같은 노래가 주변을 무기력하게 했다
유행가도 환절기에 잡혔는지 쿨럭거렸고
방지턱을 넘어서듯 숨이 차게 몰아치기도 했다
소리는 행인의 발길을 불러들이지도
유리문 앞 은행나무를 깨우지도 못했다
오후가 되면 태양이 소리의 창고를 기웃거릴 뿐
반복적으로 되돌려지는 음반처럼 여자의 세월도 돌고 돌 뿐,

헐린 점포로 어둠이 모여들었고
터전을 잃은 목련만이 봄밤을 피워내고 있다
목련은 알고 있을까
주인이 바뀐다는 것의 위험성을

먼저 자리를 뜬 것의 흔적이 상처임을,
건물이 헐리자
옆 건물의 부실이 낱낱이 폭로되었다
푸석해진 벽과 건드리면 쏟아질 것 같은 균열
지붕에 얹힌 빛바랜 포장과 군데군데 심어진 벽돌
그렇다면
벽과 벽, 건물과 건물이 상처를 감싸고 있었던가
서로의 허물에 기댄 채 간판을 붙들고 있었단 말인가
빈터를 본다
내 뜬 자리도 저렇듯 상처로 놓일까

명함

버렸다,
방치했던 한 무더기의 사람들을 쓰레기통에 처박았다
이미 잊혔거나 잊힐 이름이다
사소한 기억은 이럴 때 난감하다

명함이 있을 만한 곳을 샅샅 뒤졌지만 필요한 이름 좀처럼 보이지 않고
유효기간 지난 안부들만 튕겨져 나온다
서랍, 가방, 사물함
몇 시간을 찾는 동안 머리엔 쥐가 나고 멀미가 난다
한갓 무용지물이 된 오 이사, 김 사장……
언제부터 나의 지인들은 이렇게 높은 계급장을 달고 있었을까
바랬거나 기억나지 않는 사각의 틀 속에 갇힌 사람들
필요할 때는 코빼기도 보이지 않다가 귀찮아질 때쯤 불쑥 나타나
나 여깄소! 하고 뛰쳐나올 이름이다
버린 사람들도 한번쯤은 악수를 나눴거나 모종이 거래

가 있었을 것이다
먼지보다 작아진 기억을 위해 더듬이를 세운다
기억보다 먼저 스위치를 켠 망각이 환하다

명함은 왜 네모날까
두 각의 모서리를 돌리며 네모났던 사람을 떠올린다
이름에 형체가 있다면 네모났을까
기억에 모양이 있다면 사각이었을까
공손히 받아 슬그머니 탁자 밑으로 밀어내던 광고성 사람들과
사후를 보장해주겠다는 생명보험사의 약속
불량 난 휴대전화의 배터리를 교환해주던 젊은이의 친절까지
모두 네모 속에 새겨진 미소들이다

명함,
내가 버리고 내가 건넨다
내가 너를 버릴 때 너 또한 돌아서서 나를 버릴 이름이다

때론 안줏거리가 되어 저녁 내내 물고 뜯고 마시고 뱉어 내던 이름
그 벌거벗은 이름이 현대인의 증표일까
그러나 관리대상이 되지 못하는 것은 슬픈 일이다
잊히는 것이 두려운 세상에 부적 같은 것이다

케케묵은 기억을 정리하며
햇살 같은 이름 몇 지갑에 챙겨 넣는다

강

물이 물을 밀고 간다
강물의 흐름을 쫓는 사이
하루의 공상이 요요처럼 말렸다 펼쳐지고
이런 날 의식들은 먼지의 부력으로 떠올라
모래폭풍을 일으키기도 하고 기억의 퇴적층을 흔들기도 한다
다리 위에서 강을 넘겨다본다
내가 다리를 건너지 않으면 바람도 다리를 건너지 않듯
노을에 깃들지 않고는 바다도 붉어지지 않는다
한 줌 재가 되어 강물에 뿌려진 그가
보고 싶다고 남긴 마지막 문자가 나를 강가에 세우곤 했다
사막화된 날은 계속되었고 나는 으적거렸다
하루 분량의 고통을 강에 흘리고서야 돌아설 수 있었고
마음의 모서리를 깎고 또 깎았다
내가 바람에 깃들거나
강이 바다에 깃들기 위해 끊임없이 뒤척이는 동안에도
달은 강바닥에 떠올랐고 시간은 낡아갔다
지독한 환영이다

빈집
— 치매

칠 벗겨진 초록색 대문 앞 화석처럼 웅크려 있던
언제 적 기우다 만 사연인지 허공 어느 쯤엔가 바느질을 한다
실을 꿰어 단단하게 매듭을 짓고
좀처럼 여며지지 않는 지난날의 고통을 기우는지
그 노파 말문을 닫은 지 오래다
앞섶을 말아 올려 박음질하고
반쯤 풀어헤친 옷고름 위로 인두를 가로질러 기억의 주름을 펴고 있다
가끔씩,
가끔씩은 그녀에게도
얼마 남지 않은 현실이 한겨울 햇살만큼 고여 들기도 한다
뒤죽박죽이던 가족의 순서가
오뉴월 꽃잎 같던 기억이 되살아날 때마다 어깨를 들썩이곤 한다
쪼그라든 젖무덤과 무성했을 생산의 집
기워진 허공만큼이나 그녀의 기다림도 망각이 되었을까
나무가 그늘을 거둬들일 때까지

몸 바깥으로 빠져나갔던 기억이 주섬주섬 되돌아올 때까지
그녀 좀처럼 자리를 뜨지 않았다

언제부턴가 노파가 보이지 않았고
담장 안 목련이 그녀 몫의 그늘을 풀었다 거둬들일 뿐,
객사했다는 풍문이 잠깐 얼비쳤다
그렇다면 그 노파가 몇 년째 허공에 새긴 것이 유서였단 말인가
빈집
기척 없는 마당엔 제비가 새끼들에게 나는 법을 가르치고 있다

자작나무에게 묻는다

촘촘히 들어찬 자작나무 숲으로 생각을 들여놓는다
허공에 푸른 물 가득하다
바람이 뒤척일 때마다 자작거리는 잎들과
허공 깊숙한 물길을 옮겨 다니는 날것들에게
강물 소리가 들리는지 묻는다
기댄 등줄기로 거슬러 오르던 배후가
하늘로 낸 물길임을 자작나무에게 묻는다
이력을 저장할 때마다
그 안에 숨겨놓았을 말을
강물이 가두었을 새와 바람과 태양의 말을
숲과 나무를 동경하던 내 안의 그리움도 강이 되었음을,
자작나무에게 묻는다
자작나무를 비집고 흘러든 어떤 호기심도
저 강에 범람하는 푸른 폭력을 막을 수는 없었을 것이고
어떤 수직의 갈등도 쉽사리 깨어날 수 없었음을,
칠월의 자작나무 숲에선
생각이 물구나무를 서고 푸른 물이 허공 가득 자작거
린다

꽃이 태양의 반란이라고 누구도 말하지 않는다

푸르름 속으로

구름이 옮겨지고 비가 개이자
달팽이, 길을 나선다
옥수수 줄기에 끈적한 길을 내며
질펀하고 푸른 계절을 향해 걸음을 옮긴다
바람 사라진 습지의 고요를 찾아
촉수를 곤두세우며 느릿한 질서를 밀고 간다
옥수수는 더디 익고
더디 익는 수염의 끝을 붙들고서
길의 무게라도 저울질하듯 대롱대롱 매달린다
몸속, 안간힘으로 매달린 무게의 안쪽에서
조금씩 흘러나오는 길들의 분비물
달팽이 하나 잘못 들른 식물의 끄트머리에서
그동안 곰곰이 쌓아놓은 길들의 절반을 내놓고서야
또 다른 푸르름 속으로 길을 옮긴다

서리꽃

미성년자 금지구역
낡아 허름해진 간판이 골목의 입구를 지키고 있다
붉은 조명이 켜진 집
들지 않는 손님을 기다리며 목을 길게 뺀 꽃이 담배를 피워 문다
오래도록 성업 중이던
한때 화려한 꽃들의 집결지라 소문이 무성하던 곳
꽃을 따기 위해 사방에서 원정 객이 모여들었다
이름만 대면 알 만한 유지도
고뇌를 피워 물던 문장가도
하루벌이 오빠도 애용하던 꽃밭이다
단속이 부쩍 심해지자
사내들의 욕망은 된서리를 맞았다
꽃들은 좀 더 안전한 꽃밭을 찾아 숨어들고
벌이 들지 않는 꽃밭엔 기차의 긴 경적이 괴성을 내지르곤 했다
골목을 지키던 삼촌도 하나 둘 철수하고
생존권을 사수하자는 피켓을 든 꽃들이 광장으로 뛰쳐

나왔다
  무수한 사연이 들렀다 간 꽃밭
  코너에서 야식을 팔던 포장마차도 떠나고
  일수와 화장품만 가끔 드나들 뿐
  몇 집 건너 하나씩 켜진 붉은 등이 개점휴업인 듯 썰렁
하다
  난로는 벌겋게 달아오르고
  점포임대 한다고 붙은 현수막에 바람이 머물다 갈 뿐
  이곳의 꽃을 서리꽃이라고 명명한다

오전의 부음은 붉다

유리문 안으로 햇살 몇 모금 흘러든다
천천히 아주 천천히
제 붉은 몸을 가시로 여는 선인장
더딘 시간만큼 꽃이 곱다

오전의 부음이 붉다
쉰이 채 안 된 부음이 검붉게 핀다
매장 앞에 리어카를 대놓아 심기를 불편하게 하던
술주정뱅이 난동꾼 여자와 살던 남자
말보다는 주먹이
멀쩡한 날보다는 여기저기 깨진 날이 많던 남자
여인숙이 즐비한 뒷골목은 늘 뒤숭숭한 사연들로 소란하다
골목의 대장 격인 늙은 남자가 사내의 부음을 전한다
별을 몇 개나 달았고
지금도 여자는 감옥에 있고
정부가 주는 보조금 삼십오만 원을 받았다는 간질병이 있는 남자

여자 없는 쪽방이 감옥이었는지
여자의 손길이 끊기자 죽은 지 며칠 만에 발견되었다는,
리어카에는 폐휴지가 쌓이고 소문들 넘쳐난다
은행나무에서 내려온 바람이
묻지도 따지지도 신용불량자도 주부도
천만 원 즉시 대출 가능
환하게 웃고 있는 여자가 찍힌 리어카 위 스티커를 뒤적인다
햇살은 끊어진 기타 줄을 튕기고
바람 빠진 리어카 쭐렁 부음을 단속한다

선인장
훅, 꽃을 떨군다

꿩의 뺑소니

질주하던 차량의 앞 유리에 꿩이 꽂혔어
꿩이 달려드는 속도로 내 머리는 앞 유리를 받았지
순간, 허공엔 금이 갔고
선홍색 피가 흐르는 내 이마엔 꿩의 솜털이 박혔어
꿩이 비틀대며 숲으로 숨어들고 있었어
한 마디 사과도 없이, 일종의 뺑소니였지

꿩의 과속은 어디부터였을까
앞 유리에 비친 나무를 제 공간으로 착각했을지도 몰라
숲의 아름드리가 유리창을 빠르게 빠져나가고 있었거든
그의 유영은 빠르지만 부드러운 곡선이었어
고속도로에서 내가 앞차와 추돌할 때처럼
아무 생각 없이,

꿩과 나
어느 쪽이 더 놀랐는지는 알 수 없지만
화가 나서 견딜 수가 없었어
찢긴 이마와 깨진 앞 유리 여전히 벌렁대는 심장

갓길에 차를 세우고 숲을 뒤지기 시작했어
놀란 바람이 뛰쳐나와 갈대의 따귀를 갈겼지
출렁이던 갈대가 씨앗을 던졌어
하지만 그런 것들은 지금의 나에겐 의미를 주지 못했어
한참을 뒤적이다 머리를 땅에 처박은 채 꽁지를 세우고 있는 놈을 발견했어
파르르 떨리는 깃털이 눈부시게 빛났지
헐떡이는 놈을 차마 걷어찰 수 없어 킁킁 기척을 냈지만 꼼짝도 하지 않았어
한방 제대로 먹은 셈이지

깨진 틈으로 서해의 낙조가 흘러들었고
로드킬, 또 다른 죽음이 타이어에 빨려들었어

길의 가면을 벗기다

역 가는 길
하수관 정비 사업이 한창이다
3차로 중 하나의 차로로만 교행 중인 차량들의 불평을
꾹꾹 눌러 퍼 담는 포클레인
작업 반경 내 접근금지라는 노란 스티커가
단단히 제 몫을 하고 있다
삽날을 깊이 박아 흙을 퍼 올릴 때마다
한쪽 바퀴를 들어 쏠리는 제 몸의 중심을 잡는 포클레인
박힌 삽날이 지상으로 올라서는 순간
깨어나는 어둠,
어둠을 걷어내는 흙들
가면을 벗길 때 어둠의 뚜껑이 열린다
길 속으로 흐르는 또 다른 길을 재단하기 위해
길의 중심을 잡는 바람과
어둠을 훔쳐 안전모 속으로 숨어드는 초봄의 햇살, 햇살들
놀란 흙을 다독이는 인부의 손길이 분주하다
커다란 관이 묻히고
파헤쳐진 길이 다시 다져지고

다져진 어둠을 살수차가 달랜다
공사가 끝나면 둥근 관 속에 숨어든 봄날이 지상의 흐름을 전송할 것이다
작업 광경을 지켜보던 은행나무
말라붙은 열매 몇 알 떨구며
햇살을 복사하고,

포장된 도로를 뜯는 것은
저장된 어둠을 깨우는 일이며 길의 가면을 벗기는 것이다

이방인

간이역
열차가 떨군 승객들 어둠 속 종종걸음이다
낡은 의자와 닳아빠진 손잡이
노파가 흘리고 갔을 좌판의 비릿함이
거친 사투리에 버무려져 눅눅하게 묻어난다
방파제를 넘어
포장마차까지 밀려들던 거센 파도도 어둠에 갇힌 밤
몇몇 젊은 측의 객기는 모래사장으로 뛰어들고
연탄난로에 끓고 있는 동태찌개가 몇 잔의 소주를 더 청하는,
나는 이 도시의 몇 번째 체류자인가
혼자라는 것이 이토록 근엄함이었을까
낮은 깊이로 가라앉은 고뇌를
해안선의 안쪽 작은 의자에 내려놓는다
바다보다 더 메마른 기억이 수평선에 걸리고
이미 익숙해도 좋을 낯섦을 오래도록 잡고 있다
봉합이 덜된 상처를 방치하는 것이 얼마나 위험한지
뿔 달린 가슴을 알코올로 적시는 것이 얼마나 우매한지

소금보다 더 으적이는 생각에 붙들린 나는 분명 이 도시의 이방인이다

보이지 않을 뿐
어둠 속에서도 계속 이동하는 시간의 경계선을 짐작하며
바삐 역사를 빠져나가는 새벽의 뒷모습을 오랫동안 붙들고 있는 나는
이 도시의 체류자다
파도의 불청객이다

외줄 타는 남자

남자를 올려다본다
공중을 몇 바퀴 돌아 줄 위에 앉는다
팽팽하던 공중이 출렁였다 제자리로 돌아오고
접혔던 부채가 장구소리에 펼쳐진다
사내의 붉은 잇몸이 바람을 가른다
살기 위해 이 짓을 하지요 사타구니엔 불이 납니다
사내의 목 쉰 소리에
움찔, 내 느슨하던 가슴의 어느 부위에도 긴장의 줄이 팽팽하게 당겨진다
외줄 아래 관중을 향해 던지는 몇 마디 재담을 새가 물어간다
결코 겸손하지 않은 소리다
뽀얀 분장 위 툭 불거진 광대뼈
중심이 흔들릴 듯 사뿐 날아오르는 그는
절망과 절정을 공중 위에 부렸다

되새김질처럼 맴도는 사내의 말이 내 심장을 팽팽히 당긴다

한때 주목받는 인생을 꿈꾸던 털어내지 못한 미련이 순간 출렁인다

몸 깊은 곳에서 올라오는 거친 반항들

움켜진 손 안에 땀이 흥건하다

공연장을 빠져나온 태양이 구름에 가려질 쯤

길섶 패랭이 한 송이

내 안에 머무는 외줄 타던 환영을 보았는지 가늘게 흔들리고 있었다

자물쇠를 채우며

셔터를 내린다
용건이 같은 두 개의 자물쇠
자물쇠를 채우는 일은 내 하루를 잠그는 일과 같다
열쇠를 집어넣으면 보일 것 같던 가려진 속내
피아노,
홍정과 실랑이가 조율되던 점포 안의 풍경이
두 개의 자물쇠에 갇힌다
며칠씩 들지 않는 손님을 기다리면서
책 속으로 음악 속으로 커피 속으로 유배된다
그 안에서 사물들이 깨어나는 기척을 듣고 먼지의 행방을 따돌린다
동쪽으로 난 작은 창을 통해 들어오는 빛이 마치 하루치 노역인 것처럼,

나는 소리를 판다
낮게 걸어온 아이의 인문주의적인 손가락을 가리키며
장래의 무대를 떠올려주기도 하고
소리들을 팔아 마이너스된 오후를 채워 넣기도 한다

세월은 흐르고 중고로 바뀐 아이의 손가락이 청년이 되어 돌아오고

나는, 가끔씩 늙어간다

매장 안

검은 건반과 흰 건반의 반음 사이에서 턱을 괴는 동안

두 개의 자물쇠는 나를 가뒀다 열어주고

신학기 악기 페스티벌 포스터가 주인을 기다리고 있다

가로수의 반란

길이 터진다
가로수 뿌리가 툭툭, 세상을 들어 올린다
이십여 년을 땅 밑으로 향하던 뿌리
언제부턴가 도로 위에 지문을 새기고 있다
땅속으로 깊어져야 할 풍경을 불끈불끈 일으키는,
뿌리의 관성이 저토록 헐거운 믿음이었을까
팽팽하게 부푼 자전거 전용도로가 휘청거린다
둥글게 말리는 바퀴살 속으로 불안이 감긴다
봉인된 시간을 들추면 고스란히 드러날 푸른 숨결들
저 고단한 혐의가 활엽이 되고 그늘이 되었을까
길이 들썩일 때마다
세상을 후려칠 것 같은 반란
여름내 계속된 지독한 시위를 익혔는지
땅속, 제 길을 버리고 길 위로 올라선다
세상의 모순이 이곳을 들렀다 가는 동안
뚜껑만 씌워졌던 길
애면글면 실핏줄을 터트리고
나무는 허공을 붉게 밝히고 있다

은행잎

나무를 떠난 것은 이미 나무가 아니다

가을이 엎질러진다
허리 구부정한 노파 재활용봉지에 가을을 쓸어 담는다
봄 여름 가을
나무를 지키던 층층의 질서를 허물고 잎이 나무를 버린다
버릴 게 있다는 것은 지켜야 할 것이 남아 있다는 것
쪼그라든 은행 몇 알 붙들고
나무는 잎을 보낸다
암수가 마주서야 은행이 열린다 했던가
얼마나 외로우면 마주봐야 한통속이 될까
얼마나 그리우면 노랗게 물들까
같은 곳을 바라보다 가끔 딴생각에 빠지듯
잎이 거리로 뛰어들 때
나무는 뿌리로 깊어진다고 누구도 말하지 않았다
은행나무 아래
택배 차에 얹힌 가을이 노랗게 실려 간다

나무와 바람

나무가 시비를 겁니다
허공을 문지르며 새벽을 꺼내기 시작합니다
내 찻잔 속의 표면이 입김을 훅 그리는 동안에도
그 나무 뿌리를 볼 수 없는 날이라도 들추는 듯
몸속 곳곳 잎을 깨웁니다
수많은 잎이 창문처럼 덜컹거리는
소란스러움엔 눈길 한번 안 주며
나무가 바람을 키웁니다
나무의 새벽은
잘못 그은 성냥개비처럼 확 불붙고
강풍에 무너진 불면이 휘어지는 허공보다 먼저 덜컹거립니다
새벽이 흔들립니다
혼쭐이 난 나무 휘청거리고 사납던 바람
멋대로 구르다 다시 잎들 속으로 파고듭니다
몸속 곳곳을 뒤적이다 나무를 빠져 나옵니다

바람이 나무를 재웁니다

바람 빠진 나무 다시, 고요합니다
어둠이 태양을 꺼내고 잎들 푸르게 빛납니다
바람 떠난 가지에
둥지를 살피는 까치의 몸짓이 부산합니다

겨울이면 소리도 언다

허옇게 쌓인 눈 위에 시원하게 쏟아낸 오줌발에서 김이 난다
잠깐의 진저리가 햇빛에 반사된다
쩡쩡, 저수지 우는 소리가 창문에 매달린다
유리문엔 성에꽃이 피고 발가락에 푸른 멍이 돋는다
잔뜩 웅크린 어깨에 바람이 들어 무겁다
임대된 태양 하나로 겨울을 받아내기엔 음지의 날들이 깊다
사내는 칩거에 들었고 아궁이에 불길이 끊긴 지도 며칠째
널려 있는 빈 소주병이 사내의 객기를 받아낼 뿐
누구도 사내의 고뇌에 귀 기울이지 않았다
탁발승의 둔탁한 목탁소리가 들렀다 가고
칼바람을 받아먹은 처마 끝 고드름이 충전 중이다
곱은 손은 둔탁해졌고
간헐적인 산 울음에도 살얼음이 들어 있다
소리가 얼면 미끄럽다
상고대를 기웃대던 태양이 흘러내리고

빙벽에 비친 자작나무가 제 집인 줄 착각한 산새가 쏟아
져 내린다
순간 사내의 눈이 번쩍이고 이젤 위 붓질이 빨라진다
거친 듯 섬세한 선, 여백인 듯 꽉 찬 터치
그림 위에서 얼어붙은 소리들이 되살아나고 있다
사내의 겨울이 완성되고 있다
세한도에서 쩌엉쩡 소리가 번지고 있다

회화나무

오래된 나무는 신앙이다
낙동강을 타고 와
삼강주막에 걸터앉은 거나해진 한파
몸통을 걷어차고 팔목을 부러뜨려도
몇백 년 수령의 회화나무 가지를 다스릴 뿐 조용하다
군데군데 시멘트 깁스를 한 가슴팍과 허벅지
구멍 숭숭 뚫린 그 속에
지난여름 날것들을 들여앉히고 태양의 질서를 쫓고 있다
칠순 주모의 목발을 대신 짚고 선 해묵은 경전 한 그루
여행객이 흘리고 간 질펀한 사연을 강물에 흘리며
묵정의 세월 속으로 깊어지고 있다
또 다른 신앙이 찾아와 제 안의 고뇌를 비워내도
태양이 얼음 든 오후를 쏟아내도
주막을 돌아 나온 사연을 전송하는 동안 강은 얼어붙지 않는다

회화나무
신앙도 화나면 제 힘줄을 꺾는다

허공이 뒤틀릴 때마다
세 든 것들의 울음을 알아챈 듯
가는 줄기를 당겨 가파른 안쪽을 넘겨다본다
가끔 허공을 분질러
바람의 과녁에 시위도 당겨보지만
술독을 휘돌아 나온 거나한 바람 깔깔거리며 낙동강으로 뛰어들 뿐,
삼백 년 전설을 들쓴 회화나무*
제 안의 금기만으론 깊어지긴 힘겨운지 긴 울음을 강물에 흘리곤 한다

*삼백 년 전 목수가 회화나무를 베려 했으나 꿈에 백발노인이 나타나 "만약 이 나무를 해치면 네가 먼저 죽으리라" 하여 혼비백산 달아났다고 하는 전설.

황구지리

명주나비 휘돌아 물길을 접었다 펴고
들판을 가로지른 햇살 은빛광채를 풀어놓는다
노인의 엷은 졸음 사이로 입질을 해대는 푸른 하늘과
날것들의 풀무질로 황구지리는 한껏 수런하다
버드나무 아래
낚싯대를 드리운 노인이 물빛에 흔들린다
중년의 분탕질로 가족을 잃은,
미끼에 걸려드는 것은 후회와 되돌릴 수 없는 연민뿐
과거는 유실됐고 물은 흘러간다
황구지리, 주인 바뀐 전답만이 속절없이 푸르다
지난 태풍에 꺾인 수초들 허리를 들어올리고
이미 꽃이었던
야생화 서둘러 열매를 꺼내기 시작한다
낚싯대를 챙겨 커브를 긋는 노인의 자전거 뒤로
노을이 따라나선다

물의 뒤척임에도 이유가 있다

늪

해 뜨기 전, 그곳의 질서는 시작된다 하루치 태양이 머물 만큼의 상념은 지난 밤 충분히 장만해놓았다 날것들의 분주한 움직임도 저녁까지는 쉽사리 동나지 않으리라 안개는 꾸물거리고 오리가 깃털을 턴다 나는 생각을 물어뜯는다 경계란 늪 안에 도사리고 있는 가장 깊은 덫이다 몇 개의 식물이 거취를 옮기고 번식하는 동안 내 방황도 뿌리를 내렸다 하루에도 몇 번씩 공상이 열렸다 닫혔다 갈대의 빈 대궁으로 들어가 바람을 낳고 낭창한 내 허리를 감아 도는 빛의 지느러미를 토막 내 점점 짙어지는 녹음 속으로 뿌린다 내 공상이 늪에서 여름을 보내고 가을을 준비하는 동안 태양의 움직임에 따라 늪의 사유도 98변한다 지난 계절의 방황은 내 안에서 거름이 된 지 이미 오래지만 어느 때부터인가 내 안에서 늪이 줄고 상념의 깊이가 좁아들고 있다, 고여 있는 것들은 은밀하다

엉덩이에 뿔 달기

감자 싹이 한 뼘은 족히 자랐다
저장했던 상자 안이 빽빽하다
엉덩이에 뿔난 것들은
때와 장소를 가리지 않는지
태양이 스위치를 켜지 않아도 무성하게 자란다
아버지라면
주책없이 자란 순을 뚝뚝 떼어내 소여물에 넣었을 것이다
미처 길들이지 못한 일소가
아버지의 갈비뼈를 부러뜨렸을 때도 덕석을 입히며 뿔을 쓰다듬었다
물푸레나무로 코뚜레를 만들고 말뚝을 더 단단히 박았다
단단한 뿔 때문에 동심원 안은 늘 위태로웠지만
워낭소리 하나로 외양간을 읽었으며
산고를 겪는 소를 위해 정화수를 떠놓고 정성을 들였다
막내가 짚동가리에 성냥을 그어
큰불이 났을 때도 아버지가 가장 먼저 챙긴 것은 소였다
봄 쑥이 해동을 알리면 쑥을 뿌리째 캐어

소를 살찌우는 것은 딸들 몫이었다
갈라터진 손등을 여물로 문지르며
아버지 엉덩이에 고얀 뿔이 생기는 상상을 하곤 했다
집안이 잘 되려면 소를 잘 거두어야 한다던 아버지
감자 싹을 떼어내며 아버지를 생각한다
쉰둥이 공부 다 못 시킨 것이 한이 되어 눈 감는 순간까지 애면글면하던 아버지나
싹을 틔우느라 얼마나 애를 썼는지 푹 꺼진 감자나
시간 앞에선 모두가 속수무책이다
뿔 달린 아버지를 상상하던 유년은 싹튼 감자처럼 푸릇했다

봄이 몸살 중이다

딱딱했던 물이 흔들린다
겨우내 굳었던 기억이 흐름을 시작하고
새들 날개를 퍼덕일 때마다 봄이 빠르게 고여 든다
강물에 묶였던 느티나무 물 밖으로 가지를 밀어낸다
마디 하나를 늘이기 위해
나무는 밤새 언 강을 녹였나 보다
좌대를 손질하던 사내 서둘러 낚시 가방을 챙겼고
계절을 모아들이는 건 나무도 강가를 뒤덮은 안개도 아니다
봄을 건져 올리려는 사내의 성급함일 게다

갈대는 꺾인 목으로 바람을 일으키고
사랑을 놓친 누군가는 젊음의 한때를 무던히 소비했다
물수제비 같은 것이 사랑이라는 걸 알아챘을 때
나무는 지난 계절을 꺼내듯 꽃을 피운다
아픈 추억일수록 물가에 세워두거나 함부로 자라게 해서는 안 된다
남풍은 또 다른 상실을 향해 치닫기 시작하고

지금,

봄이 몸살 중이다

바다는 환승역이다

물의 행방이 바뀐다
낡은 천막들 서둘러 행장을 꾸리고
구름의 장난질에 한 해 장사를 망쳤다는 넋두리가
마지막 썰물로 빠져나간다
바다는 환승역이다
밀물과 썰물을 갈아타는 해풍과
초소 너머까지 유실되었던 갈매기
붉은 너울을 이끌고서 선회하는
바다는
물들의 간이역이다
개펄에 난 물길을 따라 들어오는 통통배엔 하루의 이력이 채워지고
바다가 번역한 물밑 계절이 퍼덕인다
내가 환승의 입구에서 헤맬 쯤
등대는 내게 길을 내어주지 않았고
바다가 고독의 사원을 짓는 중에도 파도는 모래를 훔쳐 달아났다

방파제에 올라선 갈볕이 그물망을 뒤적이고
진흙 위에 또 다른 경계를 그어가는 생명체들
해풍의 갓길을 찾아 또 다른 환승을 준비하고
해안선은 철 바뀐 바다를 받아내고 있다

겨울 산
— 소금강

폭풍의 흔적 그대로
찢긴 가지와 구르다 만 계곡
흘러내린 토사에 반쯤 걸쳐진 뿌리가
얼음 섞인 바람을 불러들이고 있다
암석의 비문이 경전처럼 펼쳐진 소금강 오르는 길
발목까지 푹푹 빠지는 생각 속으로 들어간다
계곡을 꽉 채웠던 지난여름의 수런거림이 눈꽃으로 매달리고
마의태자의 군사가 밥을 먹었다는 식당암을 지난다
여기쯤이었을까
발을 헛딛다 거두어들이는 사이
나무에 걸친 채 긴 혀를 날름대던 독사,
내가 중심을 되찾은 뒤에도
산은 한참이나 흔들림을 멈추지 못했을 것이다

계절을 벗은 것들은 차분하다
가지의 일정을 뿌리로 흘리며 동면에 든 나무처럼
깍지 끼고 뛰어내리던 물들

기둥을 세워 바람의 길을 내줄 뿐 소리가 없다
바위를 갈라 뿌리 내린 소나무를 본다
암석에 새겨진 조상의 먼 미래처럼
저들도 저들만의 내력을 바위에 새기고 싶었음일까
내 안에 새긴 이름 하나 곰곰이 만져보는 나는 어느 유전자의 후예일까

노을의 뒷자락에 묻어나는 여운을 밟으며
산맥 동쪽으로 살얼음 든 발길을 흘린다

경계

허공을 딛고 선 가지 끝이 순하다
잔설을 털어내는 철새들
지난 계절을 가지 위에 부려놓자
가볍게 흔들리던 나무 철새를 전송한다
서둘러 떠나는 것이 새들만은 아닐 터
한계령을 뛰쳐나온 비명이 차도로 뛰어들고
놀란 운전자의 급브레이크가 공중으로 흩어진다
도로에 엎질러진 고라니
몸통을 뚫고 흘러나온 내장이 순간 질펀하다
허공은 빛을 불러들이느라 분주하고
경적은 죽음을 비켜서느라 타이어에 단내를 뿜는다
허물리며 견고해지는,
허락되지 않은 경계란 없다
천년 세월을 바위에 기댄 소나무와
몸을 열어 젖줄을 대주는 암벽처럼
에누리를 키우는 봄
봄이 위.태.롭.다

눈의 경적엔 소리가 없다

경칩에서 춘분으로 넘겨지던 날들
찢긴 가지 위로 새의 언 발이 종종걸음치고
산수유를 불러내던 골짜기가 하얀 습격에 속수무책이다
붉은 등 켜 들고 봄을 마중하던 지난 계절 열매 몇
알리바이를 숨기듯 잦아들고
바람도 칩거에 들었다
살얼음 든 태양으론
봄을 불러낼 수도 놀란 꽃 문을 열 수도 없다
삼월에 폭설이 내리면 입덧도 순해지는지
발목까지 푹푹 빠지는 헛구역질이 하얗게 덧쌓인다
체납된 고지서처럼 눈이 온다
봄의 입구가 정체에 들었고
눈의 경적엔 소리가 없다
마을을 향해 내려오던 봄
뭉글한 눈길 위로 풀썩, 엉덩방아가 새겨지고

바람이 삽질한 곳부터 새순들 눈을 부빈다

큰 산

수건을 베고 모로 눕는다
바그작아그작 햇살 부서지는 소리가 경쾌하다
달팽이관 깊숙이 들어차는 푹신한 잡음
포기는 장애라고
편견은 더 큰 절름발이라고 시큼한 핀잔을 던지던 소아마비 친구
한걸음 오르면 두 걸음씩 뒷걸음칠 것 같다는
산 정상을 향해 한 뼘은 짧은 왼쪽다리를 끌어올리던,
짧은 다리가 산을 오를 땐
산이 한쪽 귀퉁이를 살짝 기울여준다며
바람을 가르던 그녀의 웃음이 앞산을 텅텅 울린다
목에 걸친 수건이 흥건히 젖어도 구름 한 모금 삼킬 뿐
제 안의 갈증을 쉽사리 내놓지 않던 그녀
잘 마른 수건을 개키며
툇마루에 그녀의 이름을 꾹꾹 눌러 쓴다
하루에도 몇 번씩 커브를 그었을 그녀 안의 계곡과
수없이 꽂았다 뽑았을 붉거나 푸른 깃발

어떻게 지켰을까 그 환한 절망을

산정을 구르던 웃음 새떼처럼 날아가고
빨랫줄에 걸린 햇살이 하얗게 버석거린다
큰 산 하나가 조용히 깊어지고 있다

물들의 사막은 바다다

먼 바다로 나간다
뭍에서 멀어질수록
무인의 섬으로 다가설수록
내가 꿈꾸던 사막엔 갓길도 이정표도 없다
바다에서 길을 묻는 건 목마른 여행자의 갈증 같은 것
내가 실종되고자 하는 며칠을 번역하기 위해 옥돌을 굴리는 해안선과
알리바이를 숨기기 위해 끊임없이 뒤척이는 물
기억이 출렁일 때마다
요요처럼 돌아오는 물의 주름살을
바다의 고샅길이라고 착각해서는 안 된다
물이 샛길은 내는 동안
생각은 어느 방향으로 커브를 그어야 할지 주춤거리고
누구든 바다에 들면 흰 버석거림과 조우하게 된다
태양은 짠기를 피할 수 없어 저녁이면 붉게 충혈되고
저뭄은 정박할 곳을 찾아 물결친다
바다는 기억의 늑골이다
이곳에선 어떤 사연도 버석거리지 않고는 온전히 제 기

억을 떠올릴 수 없으며
어떤 이별도 짠 바람을 들쓰지 않고는 완성되지 않을 것이다
실종을 따돌리기 위해
물의 모서리를 허무는 뱃전과
한 줌 기억을 소금으로 저장하기 위해 끊임없이 버석대는 나는
분명 물의 사막을 건너는 중이다
더 먼 항해를 위해 길을 잃는 여행자처럼
그,
거대한 은신처 속 곰삭은 생각이 출렁인다

오월의 휴식

은행나무를 훔친다
쪼그라든 지난가을 몇 알을 훔치고
그 기억을 비집으며 터지는 연둣빛 감촉을 목 안 깊이 훔친다
휴식이 흔들리는 거리,
역전 쪽에서 걸어온 한 사내의 빽빽한 시선이
초파일 연등에 흔들리고 있는 골목 안
사창가 누이들을 들여다보며 사라진다
이제 욕망으로부터 방생될 발길은 이 거리에 얼마 없다
휴식이란 때로 나무를 훔치는 일이기도 하다
오월의 잎새를 인화하는 것이며
나무에 바람을 묶어두는 일이다
오월이 푸른 건 그녀들의 웃음이 도난당했기 때문인가
잠시 모습을 감췄던 한 사내
몸속 바람을 어딘가에 떨궜는지
초상화 같은 표정으로 골목을 빠져나간다

은행나무가 있고

여인숙 간판이 닥지닥지 붙어 있는 골목
잠시도 조용할 날 없는 그 안을 넘겨다보며 생각을 마신다
오빠 놀다 가라며 노인의 팔짱을 끼던, 중년을 훌쩍 넘긴 그녀
목젖을 통과하기도 전 화석으로 변하는 내 휴식의 미각을 애써 외면하면서
한 사내와 은행나무가 교차한 조금 전의 느낌을 연거푸 마셔본다
아직도 꺼지지 않는 골목 안의 악다구니
오월이 휴식을 물리듯 급격히 저물기 시작한다

흠집

그해, 사북역
더는 물러설 곳이 없을 때 찾아든 광산
지하 수백 미터 막장
깊고 두툼한 석벽을 뚫을 때마다
그 안 고여 있던 어둠을 파헤치는 일은
파낼수록 깊어지는 한 삶의 내력 같다
불의 씨앗을 캐던 누군가는 진폐증을 뒤적였고
닥지닥지 붙은 지붕 아래 봇물처럼 터지는 사건 사고
진달래는 검붉게 피었고
아이들의 도화지는 검게 칠해졌다
연탄 백 장과 삼겹살을 배급받던 날
하수구로 쓸려나간 아이는
불어난 물보다 더 부푼 채 건져졌고
빨랫줄에 널린 광목천 기저귀는 시커멓게 말라갔다
기차역,
행상을 나서는 여인의 등 뒤
젖먹이의 칭얼거림이 환청처럼 멀어질 뿐,
화면 가득 쌓인 뉴스를 털어내던 사내의 호흡이

쿵쿵, 낡은 갱도를 들썩인다
그런 때문일까
이곳에 잘못 든 바람에겐 혈거의 빈 울림이 묻어 있고
세상의 흐름에 역류된 사연이 빗장을 풀어놓곤 했다
젊은 사내와 배꼽 맞추더니 결국엔 보따리 쌌다는
소문 무성한 여자를 찾아다니던
목발의 사내는 낮달 같은 울음을 토해내고
위령비 아래 토끼풀꽃이 흐드러지게 피어 있던 곳

그날을 기억하는지
카지노 불빛 사북의 하늘을 쏘아올리고 있다

사구 이야기

바람을 먹고 자랐다
사구가 바람을 먹고 자라는 동안 바람을 만든 건 바다였다
파도를 밀어내는 속도로 모래의 주름은 깊어졌고
바람이 젖줄을 물릴 때마다
주름은 꽃이 되고 꽃은 사구를 키웠다
모래의 주름살이 바람의 서자(庶子)라는 상상은 으적거렸다
저만큼 목책에 걸쳐 있는 사내가 뿜어내던 긴 한숨도 바람이었을까
누구든 바람 앞에서 자유로울 수 없듯
순간의 회오리가 더 높은 성을 쌓는다
헌 집 줄게 새 집 달라며 부르던 두꺼비도
다섯 손가락 틈으로 빠져나가던 어느 한때의 바람도 해당화로 피었을까
모래더미에 신발을 묻은 아이가 성을 허물자
신발을 좀 더 안쪽 깊숙한 곳으로 정박시킨 것도 바람이다

아이가 자라면 모래성의 주인이 자신이었음을,
바람의 주름이 바다의 전언임을 알아챌 수 있을까
또 한 차례의 바다가 밀려온다
앞서간 사람의 흔적을 깎는 바람의 대패질이 견고하다
바람의 뿌리가 바다라면 사구는 바다의 잠언이다

사구는
끊임없이
오늘을 덮어가고 있다

오월 그리고 장미

태양은 퍽도 시끄럽겠다
푸른 것들 제 영토를 넓히느라 왁자하고
가뒀던 향기를 방출하는 장미로 오월이 후끈하다
가시에 찔린 바람을 달래주던 초파일 연등도
어깨를 내준 담장도 붉게 물들었다
향기를 가둘 수 없음을 알았을 때
태양은 이슬을 거두었고
오월은 고독하다고 아무도 말하지 않았다
향기는 어떤 윤회의 관을 돌아 나온 격정일까
고독은 어느 미로를 빠져나온 또 다른 환영일까
장미는 월담을 시작했고
누구도 장미를 도둑으로 몰지 않았다
태양이 시끄러움을 피하여 구름 속으로 숨어들 뿐
마치 담장의 주인이 장미인 것처럼,

오월이 지나면 장미의 유효기간 온다고 누구도 말하지 않았다
태양의 숨겨진 속살이 장미로 피었다고 누구도 말하지

않았지만

붉게 취한 바람은 꽃 문을 두드렸고
그들의 수다는 영토를 넓히기에 충분했다
꽃이 이름을 잃고 열매가 될 때까지
향기가 바람을 놓고 담장을 빠져나갈 때까지
장미는
오월의 중심을 태양의 안쪽으로 몰아갈 것이다

봄날의 교향곡

소리도 봄이 되면 날개를 단다
떴다 떴다 비행기 날아라 날아라
일곱 살의 연주에 노파의 고쟁이가 들춰지고
소리와 소리 사이 홍정이 시작된다
사고로 부모를 잃은 손녀를 위해
영세민 공공근로로 근근이 마련했다는 노파의 사연이
베토벤의 운명 교향곡만큼이나 무겁다
건반이 누렇게 바랜 중고 피아노,
닳고 닳은 소리보다 더 헐렁한
노파의 각진 세월이 검버섯을 피워낸다
오월의 아카시아도 저러할까
나무는 가시에 찔린 꽃향기를 읽었을까
가난은 가시 같고
근황들이란 이럴 때 참으로 난감하다
본전을 따지기엔 아이의 화음이 맑고 곱다
소리를 싣고 매장을 빠져나가는 트럭이
신호를 빠져나갈 때까지
눈을 뗄 수가 없다

해설

'사이'의 현상학 또는 사랑의 변증법

신동옥 시인

한인숙은 첫 시집 속에 젊은 날의 자존감과 사랑의 열정, 스스로 걸어온 길을 되짚어서 현재형의 물음으로 견인하는 특출한 재능을 선보였다. 한인숙의 첫 시집은 자신이 머문 자리와 나아갈 자리를 가늠하는 재바른 눈길로 정지와 이동의 현상학에 균형을 잡아주었다. 균형 잡힌 시야로 길어올린 시상들을 펼쳐 보이며, 한인숙은 길의 현상학자로서의 면모를 유감없이 발휘했다. 한인숙이 첫 시집에서 길에 대한 물음으로 시작한 이유는 자신의 내부를 결곡하게 들여다보기 위한 정직한 방법론이었을 것이다. 길을 묻는다는 것은 발길의 거처를 묻는 것이고 내 안의 기억 흔적 위를 걸으면서 바깥을 사유한다는 것과 통한다. 그 길은 시인의 시야와 '창문' 바깥의 길이다. "창

밖 길들은 누가 먼저랄 것도 없이 기억의 장례라도 서두르듯"〔「윤달—칠월」, 『푸른 상처들의 시간』(이하 '푸른'으로 표기)〕 "이정표가 없다"(「등꽃」, 『푸른』). 이정표가 없는 길들은 이 세상 어디로든 펼쳐져 있어 시인을 천지사방으로 데리고 갔다. 그 길은 천수만이었고, 아우라지였고, 홍대였고 강남이었으며, 때로는 설악산 흔들바위 위였다. 잔뜩 웅크린 내면에 칼집을 남겨서라도 제 속내를 보고야 말겠다는 끝장의 다짐은 '시시포스'의 노역에 다름 아닐 것이다. 한인숙은 첫 시집을 통해 그러한 내면의 고투에 '마실' 가는 시인의 숙명에 대해 말한 셈이다. 시인이 얻은 결론은 바로 "이 시대의 마실은 조문이다"(「마실」, 『푸른』)는 깨달음이다.

조문이란 이미 사라진 것들에 대한 애도와 헌사다. 없어진 것들은 내가 떠나보낸 것인지, 스스로 떠나버린 것인지 알 수가 없다. 모든 조문은 망각을 동반하는 까닭이다. 조문을 완성하기 위해서는 내가 떠나는 동시에 내가 떠나보내야 한다. 이중의 움직임 속에서 조문은 완성된다. 한인숙은 첫 시집에서 이러한 움직임으로 예각화된 사랑의 향방을 가늠했다. 그런 의미에서 한인숙이 움직이는 것의 대명사로 '바람'을 선택한 것은 어쩌면 필연적인 전략이었을 테다. "바람이 내 안의 평화를 깼다"(「이동의 현상학」, 『푸른』)고 말하면서 짐작 못할 시원에서 종말을 아우르는 변화를 쓸 수 있을 테니까 말이다. 첫 시집에서 한인숙은 스스로 보듬어야 할 상처의 색깔로 푸른색을 택했다. '푸름'은 바람이 품는 자연 상관물에 지독한 내면을 투사해 얻은 빛깔이다. 거기서 피는 꽃은 애당초 페니실린을 가득 품고 있기에 독성으로 독성을 치료해야 할 중독성 '서정'이다. 한인숙이 구사하는 서정의 변증법은 "상처가 있는 곳마다 피어나는" "붉은 변증들"(「모기」, 『푸른』)이다. 붉음이 푸름을 낳고, 꽃과 바람이 곰팡이를 낳고, 무생물인 곰팡이가 중독을 불러일으켜 상처를 봉합하는 과정. 이 과정은 치유의 과정이 아니라 덧내기의 과정이었다. 시인의 표현에 따르면 "아무것도 기억할 수 없었던 것들의 기억"(「등잔」, 『푸른』)으로 상처의 화수분을 품고 시를 쓴 셈이다.

한인숙은 상처와 기억의 "진화론을 떠올"리는 그런 시간의 "속도로 성숙하기는 힘들 것이라고/마음속 깊이 뇌까렸"(「보물 찾기」, 『푸른』)다. 조문은 떠나는 내력만으로 완성되지 않음은 물론이거니와 떠나보내는 내력으로도 완결되지 않는다. 대개 그러하듯 상처는 미련을 동반하고 미련은 어룽거리는 그림자를 기억 흔적으로 남겨둔다. 미련과 회오 속에서 상처는 봉합된다. 기억 흔적이 깊이를 가지려면 이미지의 지난한 현실 검증이 필요한 이유다.

상처란 대개 그러한 방식으로 시인에게 예기치 않은 깊이를 가져다준다. 깊이는 시적 현상학이 가져다준 내밀한 시야를 보증한다. 이별은 정지 상태로 머무를 때 깊게 여울진다. 인간은 하루하루를 떠나보내며 죽음으로 완결된다. 가뭇없는 나날 속에서 시인은 '이미지의 부활'로 현실에 완고한 아포리즘을 부여한다. 그렇게 부활한 이미지의 안쪽에는 저 기갈 들린 뜨거운 사랑의 외침이 있다.

사랑에 대해 한인숙의 인식론이 작동하는 순간은 바로 사물과 인간의 틈새를 들여다보는 찰나다. 인간과 인간에게는 '거리'가 필요하고 거리가 있어야 상처는 비로소 내면에 아로새겨져 의미를 가진다. 한인숙은 이렇게 묻는 것만 같다. 모든 틈새는 당신과 나를 '살아내는/살려내는' 궁극의 온기를 품고 있을까? 당신과 내가 같지 않다는 사실을 인정할 때 당신을 바로 볼 수 있다는 사랑의 아이러니. 이번 시집에서 '사랑과 고통의 내부'에 대한 질문은 스스로 안과 밖을 다시 들여다보는 일에서 출발하고 있다.

숲에서 바람의 길을 찾는다
그 안쪽으로 들어서자
바람에 찍힌 새의 발자국과
잎들이 내는 휘파람으로 온통, 수런하다
나무가 물길을 여는 것도

태양의 그림자가 숲의 바깥으로 향하는 것도
나무에 난 푸른 상처들 때문만은 아닐 것이다
숲이 길을 내기 위해 오랜 시간 직립을 꿈꾸었듯
바람도 직립을 향해 숲으로 든 것일까
직립이란 때론 위험한 거처다
허공의 고요를 넘겨다보며 삐걱거리기도 하고
때론 푸른 무게를 읽어
제 안의 힘을 바람에 맡길 지혜도 필요하다
그러나 바람은 복면을 쓴 채 숲을 공략할 것이고
간혹 상한 손길이 직립의 물길을 가로채기도 하겠지만
휴식을 반납한 숲은 지금 성업 중이다
풀꽃들의 경전이 태양인 것처럼
나무의 경전이 바람임을 숲에 이르러 읽는다

—「바람의 경전」 전문

첫 시집에서 '푸른 상처'의 거소(居所)는 시간이었다. 간격이 벌어지고 사이가 뜸해질수록 상처는 덧나고 아물지 않았다. 그러니 "나무에 난 푸른 상처들 때문"에 "태양의 그림자가 숲의 바깥으로 향하는 것"이라는 진술은 심상한 발견으로 읽힐 일이 아니다. "숲에서 바람의 길을 찾"듯이 한인숙은 자신의 고통 안으로 자맥질하고, 상처 안으로 기꺼이 투신하는 방법을 찾은 것이다. 함몰을 통해서 차이를 '발명'하겠다는 시적 야금술이다. 금을 얻기 위해 강바닥의 모래를 모두 체로 걸러내듯이 "푸른 무게를 읽어/제 안의 힘을" 내부에 불어닥치는 "바람에 맡길 지혜"로 바꾼다. 이 야금술은 사랑의 기원을 되묻는 작업이기도 하다. 사랑이란 결국 모든 감정과 직관이 태동하는 맨 처음의 수수께끼 아닌가. 증오, 동정, 공포, 연민, 애도, 슬픔의 수사는 모두 사랑에 빚지고 있지 않은가 말이다. 한인숙의 시에서 사랑의 물음은 '세계에 대한 시인의 근본적인 태도'를 일컫는 다른 명명법이 될 것이다.

우리는 함께 걸었지만 당신이 걸어온 길은 내가 걸어간 길과 다르다는 엄연한 사실이 서로 다른 사랑을 꿈꾸게 한다. "안쪽으로 들어서자" 당신 역시 "잎들이 내는 휘파람으로 온통, 수런하다"는 걸 깨닫지만 이미 늦었다. 시인은 다른 길에 섰다는 사실을 아프게 자각하는 순간 비로소 자신을 발견한다. 한인숙은 '안과 밖의 변증법'을 자기 안에서 깨달은 것이다. 어느 순간 '길이 터지고' 안 보이던 인연의 뿌리들이 뒤엉킨 모습까지 환하게 눈에 드러난다. 한인숙은 "뿌리가 툭툭, 세상을 들어 올"리는 믿을 수 없는 '들림'을 목격한다.(「가로수의 반란」) 나무가 솟고 숲이 무성한 이유는 물방울이 물관과 체관을 따라 가지 끝 이파리까지 전해지기 때문이다. 아래에서 위로 솟구치는 것은 물방울만이 아니어서, 태양이 쏟아내는 온기와 빛살을 향한 몸

부림이 나무를 직립시킨다. 사랑의 열정은 대저 이와 같이 맹렬하니, 거기에서 눈이 먼다면 바람조차 직립을 꿈꿀 것이다. 직립하는 바람을 무어라 부를 것인가. 폭풍이다. 그 "바람은 복면을 쓴 채 숲을 공략할 것이고" "상한 손길은 직립의 물길을 가로"챌 것이다. 밖으로 뻗어나가려는 의지를 버려야 제 안을 풍요롭게 가꿀 수 있다.

불균질에 대한 어쩔 수 없는 연민과 동정이 이별의 당위를 결정짓는다. 내가 아닌 '당신'을 향해 이토록 뒹굴었지만 나는 여전히 어딘가 모가 난 채로 아프고, 당신은 항상 기우뚱하고 거침없어 보인다. 세상은 당신에게는 그리도 관대한데, 내게는 이토록 매정하다. 그 아득한 거리에서 길은 나뉜다. 한인숙의 인식론은 이제 이별과 상처의 근원을 되짚는 데서 한걸음 나아간다. 그것은 애초에 인간과 인간, 사물과 인간이 불균형을 이룰 수밖에 없는 이치를 이미지의 현상학으로 구현하는 데 목표를 두는 듯 보인다.

남자를 올려다본다
공중을 몇 바퀴 돌아 줄 위에 앉는다
팽팽하던 공중이 출렁였다 제자리로 돌아오고
접혔던 부채가 장구소리에 펼쳐진다
사내의 붉은 잇몸이 바람을 가른다
살기 위해 이 짓을 하지요 사타구니엔 불이 납니다

사내의 목 쉰 소리에

움찔, 내 느슨하던 가슴의 어느 부위에도 긴장의 줄이 팽팽하게 당겨진다

외줄 아래 관중을 향해 던지는 몇 마디 재담을 새가 물어간다

결코 겸손하지 않은 소리다

뽀얀 분장 위 툭 불거진 광대뼈

중심이 흔들릴 듯 사뿐 날아오르는 그는

절망과 절정을 공중 위에 부렸다

되새김질처럼 맴도는 사내의 말이 내 심장을 팽팽히 당긴다

한때 주목받는 인생을 꿈꾸던 털어내지 못한 미련이 순간 출렁인다

몸 깊은 곳에서 올라오는 거친 반항들

움켜진 손 안에 땀이 흥건하다

공연장을 빠져나온 태양이 구름에 가려질 쯤

길섶 패랭이 한 송이

내 안에 머무는 외줄 타던 환영을 보았는지 가늘게 흔들리고 있었다

—「외줄 타는 남자」 전문

'경계'와 '사이'와 '틈새'라는 단어가 유독 많이 등장하

는 이유는 '사랑의 사태 그 자체로' 돌아가려는 의지로 읽힌다. 불균형에 대한 내밀한 감각이 사랑을 추동한다. 사랑하면서 당신과 내가 다르다는 사실을 알아가는 것보다 먼저, 당신과 내가 다르다는 사실이 '사랑에의 의지'를 북돋운다. 그렇지 않은가? 사랑의 사태는 나와는 전적으로 다른 무언가를 '있는 그대로의 현상'으로 품어 안으며 시작되지 않았던가? 저 허공의 외줄에 제 온 삶을 부려놓은 사나이가 팽팽한 긴장으로 바람을 가를 때, 그리하여 한인숙은 "사내의 붉은 잇몸이 바람을 가른다"고 눈부신 역설의 깨달음을 토해내기에 이른다. 바람에 대한 빛나는 은유들로 가득한 첫 시집에서 한인숙은 "바람이 내 안의 평화를 깼다"(「이동의 현상학」, 『푸른』)고 선언했다. 그 이유는 "바위가 흔들리기까지 불균형한 역사가 필요"(「흔들바위」, 『푸른』)했기 때문이다. 고통이 평화를 깨고, 불화와 통증 속에서 환부를 짚을 때 평온함과 고요를 잠시 느꼈던 시인은, "풍경이 지워지는 속도로 빗장을 질러도 좋을 일이다"(「바람과 화해하다」)라고 선언하기까지 한다. 무슨 변화가 생긴 것일까?

외줄을 타는 사나이에게 바람은 극복해야 할 대상이 아니다. "느슨하던 가슴 어느 부위에" "긴장의 줄을 팽팽하게 당"기는 일이 줄타기의 시작이다. 줄타기는 가슴속에 줄 하나를 걸 때 시작된다. 마음에 줄을 건다는 것은 확고

한 줄만 알았던 나와 당신 사이에, 나와 사물 사이에 부러 틈을 만들고 사이를 만드는 것. 관계를 확고하게 잡아주던 중심을 내 마음 안에 가져올 때 "중심이 흔들릴 듯 사뿐 날아오르"며 "절망과 절정을 공중 위에 부"릴 수 있다는 것. 절망과 절정이 한 몸으로 뒹구는 줄이라니! 그 줄을 조율하는 것은 다름 아닌 내면에 걸친 느슨한 긴장이라는 통찰. 그 모든 사랑 속에서 오직 내가 먼저 "주목받는 인생을 꿈꾸던 털어내지 못한 미련"을 출렁하고 단박에 공중에 흩어버리는 줄. '사이(in-between)'의 존재론이라 부를 만하다. 무모한 하나됨을 꿈꾸지 않고, 결절점과 균열과 차이에 주목하는 한인숙의 시선은 이때 비로소 깊이를 얻는다. 모든 기억은 때로는 차게 식고 때로는 뜨겁게 타오르며 다른 기압골을 만든다. 다른 기압골로 바람은 불어서 "내 안에 머무는 외줄 타던 환영을 보았는지" "길섶 패랭이 한 송이"조차 "가늘게 흔들리고 있다".

인간은 상처를 통해 갱생할 수 있다. '나자로의 부활'인가. 피의 밭에서 일어나 걷는 일인가. 구약과 신약의 경계를 허무는 대전환의 순간인가. 아니다. 그것은 멸입의 익숙한 윤리를 다시 캐묻는 일. 모든 존재는 저마다 다른 방식으로 자신의 기억을 사랑으로 되살린다. 갱생에도 편차가 있고 멸입에도 순리가 있는 이유다. 인간은 서로의 상처를 만나 할퀴고 보듬고 덧내고 다시 할퀸다. 그러니 모든 해후는 몰아치는 바람의 내공으로 틈새마다 '꽃' 피우는가? 이쯤에서 한인숙은 아프게 외친다. 이럴진대 더 이상 나는 너를 너라고 부를 수도 없겠구나! 그러니 틈새를 나누고 사이를 되살리며, 너에게 다른 이름을 붙여주는 수밖에.

한인숙이 자기만의 방식으로 정의하며 사전을 만드는 방식은 이렇다. 풀은 "윤회"와 "간절기" 사이에 계절을 부려놓고 스스로 "참수되는 것"(「풀」)이다. 여기서 풀은 식물로 총칭할 수 있는 모든 것들의 다른 이름이다. 식물들의 세계는 인간의 계절로는 짐작할 수 없는 '사이'와 '틈새'를 일러준다. 입춘이 지나면 우수, 우수 지나면 경칩, 경칩 지나면 춘분, 춘분 지나면 곡우…… 하는 식으로 시간은 흘러가지 않는다. 한인숙의 풀은 입춘과 우수 사이에 늦눈을 털고, 경칩과 춘분 사이에 잔가지까지 가까스로 물방울을 끌어올리고, 춘분과 곡우 사이에 한바탕 봄비를 뿌린다. 변하고 또 변하며 유전하는 인간의 일은 모두 어느 결에 일어난다. 그러니 사이를 사는 방식이야말로 영원을 사는 지혜 아니겠는가!

허공을 딛고 선 가지 끝이 순하다
잔설을 털어내는 철새들
지난 계절을 가지 위에 부려놓자

가볍게 흔들리던 나무 철새를 전송한다
서둘러 떠나는 것이 새들만은 아닐 터
한계령을 뛰쳐나온 비명이 차도로 뛰어들고
놀란 운전자의 급브레이크가 공중으로 흩어진다
도로에 엎질러진 고라니
몸통을 뚫고 흘러나온 내장이 순간 질펀하다
허공은 빛을 불러들이느라 분주하고
경적은 죽음을 비켜서느라 타이어에 단내를 뿜는다
허물리며 견고해지는,
허락되지 않은 경계란 없다
천년 세월을 바위에 기댄 소나무와
몸을 열어 젖줄을 대주는 암벽처럼
에누리를 키우는 봄
봄이 위.태.롭.다

—「경계」 전문

아름다워서 위태로운 순간이다. 위태로워서 아름다운 삶의 찰나다. 삶의 "에누리를 키우"며 팽팽한 저 모든 "경계"들, "허물리며 견고해지는,/허락되지 않은 경계란 없다". 경계를 경계로 바라볼 때 모든 경계를 지울 수 있다고 한인숙은 말한다. 경계를 올곧은 의미에서 받아들이는 일이란 '전송하고' '떠나고' '떠나보낼' 때 비로소 가능

하다는 사실. “도로에 엎질러진 고라니/몸통을 뚫고 흘러나온” ‘질펀한 내장’을 순하게 거두어가는 것은 바로 위기의 순간에 활짝 열리는 경계다. 삶은 무시로 닥쳐오기에 위기를 긴장으로 바꾸는 안간힘이 필요하다. 그 안간힘은 스스로 중심을 허물고 그늘을 넓히는 경계의 일이라야 비로소 가능할 테다. 한인숙은 이 지점에서 경계와 틈새의 현상학자가 된다.

사이란 무엇인가? 단순히 시공간의 거리만을 일컫는 것은 아닐 테다. 낯모를 사람이 서로 만나서 이야기를 나눈다. 사람과 사람은 마주할 때 ‘서로’가 된다. 서로가 되어서 이쪽에서 저쪽으로 눈길을 던져주고, 저쪽에서 이쪽으로 시선을 던져줄 때 삶은 시작된다. 떨어지는 이파리를 손에 안을 때, 이파리와 손바닥 사이에는 측량할 수 없는 공기의 너비가 자리한다. 이파리와 나 사이에 푸른 하늘이 있다. 떨어지는 이파리와 내 손바닥이 관계를 갖기 위해서는 낙하할 하늘이라는 ‘사이’가 필요하다. 이런 방식으로 인간과 인간은 만난다. 나는 “붉게 패인 골 속”에서 “어머니의 세월을 본다”(「꼭지의 힘」). “바람이 나무를 재울” 수 있는 이유는 나무는 바람이 빠져나갈 수 있는 ‘사이’들을 제 몸 안에 수없이 부리고 있기 때문이다(「나무와 바람」). 적당히 떨어져 있지 않으면 내부가 보이지 않는다. 안을 보기 위해서는 ‘사이’를 살 필요가 있다. ‘우리 사이'라고 말할 때 '사이'는 비로소 인간이 가지는 저 내밀한 공감 능력의 시원과 비밀을 일깨운다. 사이는 시공간의 질서를 허물어뜨리는 '하나됨'의 마법이기 때문이다. 그리하여 인간은 지나간 일을 회상할 때조차 '사이' 속에 머무른다.

'사이—나눔'의 방식은 바로 존재가 존재에게 말 건네는 본질적인 방식이라고 말한 철학자도 있지 않은가! 이 지점에서 사이를 나누는 방식은 바로 '시 짓기'의 다른 명명법이 된다. 시인이 쓰는 언어는 무엇과 무엇 가운데 있는 채워지지 않는 것들을 이어붙이고 접붙이는 아교와도 같은 것이어서, 그것 없이 우리는 세계를 부를 수조차 없다. 저 '해당화'를 해당화라고 부르기 위해서는 해당화와 그것을 부르고 말하는 시인의 존재를 접붙이는 '사이의 비밀'이 필요하다. 그리고 그 틈새는 언제나 수수께끼로 남기에 시인은 늘 곤혹스럽다. "다섯 손가락 틈으로 빠져나가던 어느 한때의 바람도 해당화로 피었을까"(「사구 이야기」)라고 고백하지 않을 수 없다. 세계와 나 사이에서 무언가가 한꺼번에 '훅' 하고 빠져나갔는데, 나는 그 느낌을 분명히 알고 있는데, 도무지 분명한 것은 회복할 수 없는 '거리'밖에는 아무것도 없다. 인간은 '사이'에서 "한 장 낙엽의 무게의 사랑"을 황홀하게 명명하지만, 어느 결에

'사이'가 사라지면(사이가 사라질 때 비로소 이별이다!) "내 지도에 점선 하나가 더 생겼다"고 고백할 수밖에 없음이라(「가을 사랑」). 나의 지도에 점선이 생겼다는 것은 거리가 생겼다는 것이고 그 '사이'로 인해 당신의 영역이 내 안에서 더욱 넓어졌다는 말이 된다. 당신과 나 사이에는 지구와 달이 바다를 서로 잡아당기는 인력처럼 아득한 '틈새'를 공유하는 사랑의 존재론이 뿌리 깊다. "물의 행방이 바뀐다"는 사실을 알고 나면 "하루의 이력이 채워지고" 저물어가는 속내를 몸으로 알 수 있듯이 말이다. 그때 우리는 바다와 달의 비밀한 인력의 내력을 읽는다. "바다는 환승역이다"(「바다는 환승역이다」)라고 말이다.

사랑과 교감이라는 감정으로 하여 인간은 나는 나대로, 너는 너대로 온전하게 존재한다는 충일감을 느낀다. 사랑은 나와 너 사이를 무한대로 벌려놓으며 서로를 올곧이 각자로 존재하게 만든다. 반대로 나와 너 사이를 감각과 감정의 사업으로 묶어 없애서 하나이게 한다. 이 마법과 같은 아이러니 속에서 '나와 세계'의 틈바구니에 대한 자각이 싹튼다. "한 번의 처방으론 면역되지 않는 환한 절정/향기들의 안쪽으로 빠르게 확산되는,"(「역병」) 당신과 나의 '사이—나눔' 그 처연한 상처와 환희도 언젠가는 잦아들리라. 한인숙은 사랑을 소멸로 바꾸어 말한 셈이다. 거기에는 끝끝내 살아내야 할 처절한 '틈새'가 있고 사이가 있다. 저 꽃 그림자 갈라터지며 드리우는 곰팡이는 소음인가, 정적인가? 아니다. 노래다. 숨 막히게 포자를 터트리는 노래다.

이 도서의 국립중앙도서관 출판시도서목록(CIP)은 서지정보유통지원시스템 홈페이지(http://seoji.nl.go.kr)와 국가자료공동목록시스템(http://www.nl.go.kr/kolisnet)에서 이용하실 수 있습니다.(CIP제어번호: CIP2014017975)

문학의전당 시인선 181

자작나무에게 묻는다

초판 1쇄 인쇄 2014년 6월 23일
초판 1쇄 발행 2014년 6월 30일
지은이 한인숙
펴낸이 김석봉
책임편집 이현호
디자인 조동욱
펴낸곳 문학의전당
출판등록 제311-2012-000043호
주소 서울시 은평구 연서로11길 7-5 401호
편집실 서울시 마포구 마포대로 127, 413호(공덕동, 풍림VIP빌딩)
전화 02-852-1977
팩스 02-852-1978
블로그 http://blog.naver.com/mhjd2003
전자우편 sbpoem@naver.com

ISBN 978-89-98096-81-6 03810

* 이 시집은 평택문인협회 보조금 일부를 지원받아 제작되었습니다.